Gemeinsame kirchliche Empfehlungen
für die Ehevorbereitung konfessionsverschiedener Partner

Gemeinsame kirchliche Empfehlungen für die Ehevorbereitung konfessionsverschiedener Partner

Herausgeber:

Sekretariat der Deutschen Bischofskonferenz
53 Bonn, Beringstraße 30

Kirchenkanzlei der Evangelischen Kirche in Deutschland
3 Hannover 21, Herrenhäuser Straße 2A

Echter Verlag Würzburg
Gütersloher Verlagshaus Gerd Mohn

ISBN 3-429-00364-4 Echter Verlag, Würzburg
ISBN 3-579-03567-3 Gütersloher Verlagshaus Gerd Mohn

Gesamtherstellung: Fränkische Gesellschaftsdruckerei, Würzburg
Umschlagentwurf: H. P. Willberg
Printed in Germany

Inhaltsverzeichnis

Vorwort

Konfessionsverschiedene Ehen stellen die Kirchen vor Aufgaben, die sie nur gemeinsam lösen können. Zwar kann eine konfessionsverschiedene Ehe zu einer tieferen Herausforderung des Glaubens und damit auch zu einer Vertiefung der Ehe führen. Konfessionsverschiedene Ehen leiden aber auch an den Folgen der Glaubensspaltung: Die Gemeinsamkeit im ehelichen Zusammenleben kann zur Gefährdung des Glaubens, die Trennung im Glauben zur Gefährdung des ehelichen Zusammenlebens führen. Konfessionsverschiedene Ehen stellen die Kirchen daher vor die Notwendigkeit, zusammenzuarbeiten und ihre Hilfe anzubieten.

Im Januar 1971 haben die Deutsche Bischofskonferenz und der Rat der Evangelischen Kirche in Deutschland ein gemeinsames „Wort zur Zusammenarbeit in der Seelsorge an konfessionsverschiedenen Ehen" herausgegeben. Ein Ergebnis dieser Zusammenarbeit sind die folgenden Empfehlungen. Sie richten sich an die Seelsorger und alle Gemeindeglieder, die in der Ehevorbereitung und Beratung tätig sind, wie Psychologen, Sozialarbeiter, Ärzte und Pädagogen. Sie behandeln die Ehevorbereitung, das Traugespräch, die Trauung, das Eheverständnis der Kirchen und die religiöse Erziehung der Kinder.

Die Empfehlungen wollen Wege aufzeigen, wie Braut- und Ehepaare, die verschiedenen Kirchen angehören, ihre Ehe als Christen vorbereiten und leben können.

So soll deutlich gemacht werden, daß das, was konfessionsverschiedene Christen im Glauben verbindet, stärker ist, als was sie trennt.

Im März 1974.

gez. Claß
Der Vorsitzende des Rates
der Evangelischen Kirche
in Deutschland

gez. Julius Kardinal Döpfner
Der Vorsitzende
der Deutschen
Bischofskonferenz

Gemeinsame kirchliche Empfehlungen für die Ehevorbereitung konfessionsverschiedener Partner

1. Zur Ehevorbereitung

Alle, die mit Ehe- und Familienfragen befaßt werden, sind sich darin einig, daß Ehevorbereitung schon frühzeitig beginnen sollte und daß dabei Familie, Schule, Kirche und Gesellschaft zusammenarbeiten müssen.
Ehevorbereitende Seminare, die an vielen Orten durchgeführt werden, dürfen dabei nicht übersehen werden. Da vielfach konfessionsverschiedene Paare daran teilnehmen, muß das bei der Planung und Durchführung berücksichtigt werden. Ob eigene Kurse für konfessionsverschiedene Paare angeboten werden sollen, wird sich aus der Erfahrung und den jeweiligen Verhältnissen ergeben. In jedem Fall sind fachlich geschulte Kräfte nötig.
Zur Ehevorbereitung sollten ferner auch die Erfahrungen und Hilfen der Eheberatungsstellen genutzt werden.
Im folgenden soll nur über unmittelbare Vorbereitung der Trauung gesprochen werden.

2. Zum Traugespräch

2.1 Formen

Zur unmittelbaren Ehevorbereitung gehört vor allem das Traugespräch, das der Pfarrer vor der Trauung mit dem Brautpaar führt. Dabei werden Handlung und Ablauf der kirchlichen Trauung besprochen, Bedeutung und Aufgabe der Ehe unter Christen erörtert und Fragen behandelt, deren Klärung zum Gelingen der Ehe beitragen kann.
In der katholischen Kirche heißt dieses Gespräch bislang Brautunterricht. Damit ist das sogenannte Brautexamen

verbunden, in dem der Ehewille geprüft und festgestellt wird, ob Ehehindernisse vorliegen.
Eine solche Prüfung ist notwendig, weil für die katholische Kirche die Trauung zugleich Eheschließung ist.
In den evangelischen Kirchen soll keine Trauung ohne vorausgehendes Traugespräch gehalten werden.
Im Traugespräch mit einem konfessionsverschiedenen Paar sollte der Pfarrer das Eheverständnis auch der anderen Konfession so objektiv wie möglich darlegen und dem Paar empfehlen, den anderen Pfarrer ebenfalls aufzusuchen. Wenn die Trauung in der evangelischen Kirche beabsichtigt ist, legt der evangelische Pfarrer dem katholischen Partner nahe, bei seinem Pfarramt Dispens von der Formpflicht zu beantragen.
Der Pfarrer, der das Traugespräch hält, benachrichtigt den Pfarrer der anderen Konfession, wenn die Brautleute damit einverstanden sind.
Traugespräch oder sonstige vorbereitende Gespräche können auch von beiden Pfarrern gemeinsam geführt werden. Wenn ein solcher Wunsch geäußert wird, sollte ihm nach Möglichkeit entsprochen werden. Schließlich kann ein Traugespräch zunächst bei dem einen und danach bei dem anderen Pfarrer stattfinden.

2.2 Erfordernisse

Im Traugespräch muß deutlich werden: die Kirche will für dieses Paar und für diese Ehe da sein. Der Pfarrer darf sich nicht mit einem Monolog begnügen; er sollte vielmehr, wie bei jedem seelsorgerlichen Gespräch, auf die persönlichen Fragen der Partner eingehen. Ein Traugespräch braucht Zeit.
Für ein Traugespräch mit konfessionsverschiedenen Paaren ist es erforderlich, daß der Pfarrer über die Auffassung der anderen Konfession von Ehe und Trauung zuverlässig Bescheid weiß.
Soweit es in diesem Gespräch um Fragen des Glaubens und des Bekenntnisses geht, können die Pfarrer ihrer Aufgabe nur gerecht werden, wenn sie weder in konfessionel-

ler Einseitigkeit verharren, noch so tun, als bestünde zwischen den Konfessionen nichts Trennendes mehr.
Wenn konfessionsverschiedene Paare meinen, sie könnten zwischen den Kirchen leben, sollen die Seelsorger darauf hinweisen, daß dies auf die Dauer zu geistlicher und kirchlicher Heimatlosigkeit führt.

3. Ehe in der Sicht des Glaubens

3.1 Ausgangsbasis

Jedes Traugespräch wird sich mit der Erläuterung des Trauritus befassen und sich nicht auf die Erledigung der Formalitäten beschränken. Dabei kommt es vor allem darauf an, Bedeutung und Aufgabe der Ehe in der heutigen Wirklichkeit zu behandeln. In ihr haben sich entscheidende christliche Erkenntnisse und Erfahrungen niedergeschlagen. Die Ehe ist heute weitgehend von der Gleichberechtigung der Geschlechter bestimmt; damit ist eine wesentliche Voraussetzung für den Dialog zweier Partner auch in Fragen des Glaubens und der Bindung an die Kirche gegeben.
Brautleute wünschen die kirchliche Trauung aus vielerlei Gründen. Wenn es ihnen um eine christliche Gestaltung ihrer Ehe geht, soll dieser Wille im Traugespräch vertieft werden. Wenn die kirchliche Trauung aus mehr vordergründigen Motiven erstrebt wird, muß im Traugespräch eine Besinnung auf die christlichen Grundlagen der Ehe erfolgen.
Auch in der Ehe ist Leben aus dem Glauben nicht möglich ohne die Gemeinschaft der Kirche. Nach dem Zeugnis des Evangeliums bedeutet Kirche, daß der einzelne das Heil nicht für sich privat suchen und finden kann, sondern nur in Verbundenheit mit Christus und seiner Gemeinde. Die Eigenständigkeit des einzelnen wird dadurch nicht in Frage gestellt. Vielmehr kann er gerade durch die Verbindung zum anderen und zur Gemeinschaft erfahren, was er als Mensch und als Christ ist, was Glauben, Vergeben und Liebe für ihn bedeuten. Die Anerkennung und Bejahung des anderen hat darin ihre tiefste Begründung. Von diesen

Erwägungen geht das gemeinsame christliche Eheverständnis aus – auch wenn sich im Lauf der Geschichte unterschiedliche Ausformungen entwickelt haben.

3.2 Katholische Eheauffassung

Aus den Gedanken des vorigen Abschnitts kann deutlich werden, warum die Ehe nach katholischer Lehre Sakrament ist, denn Sakrament ist ein sichtbares und wirksames Zeichen für den Heilswillen Gottes, der in Christus erkennbar geworden ist und in der Kirche fortwirkt. Christliche Eheleute erfahren durch das Sakrament der Ehe im Ja zueinander die unwiderrufliche Zusage und Hilfe Gottes für ihre Ehe. Darum hat die Kirche mit der Ehe ihrer Glieder zu tun, und darum brauchen die Eheleute ihre Kirche. Christus hat die Liebe der Ehegatten „in reichem Maß gesegnet. Wie nämlich Gott einst durch den Bund der Liebe und Treue seinem Volk entgegenkam, so begegnet nun der Erlöser der Menschen . . . durch das Sakrament der Ehe den christlichen Gatten. Er bleibt . . . bei ihnen, damit sie sich in gegenseitiger Hingabe und ständiger Treue lieben, so wie er selbst die Kirche geliebt und sich für sie hingegeben hat. Echte eheliche Liebe wird in die göttliche Liebe aufgenommen." (Zweites Vatikanisches Konzil, Pastoralkonstitution über die Kirche in der Welt von heute, Nr. 48).
„Diese Liebe, die . . . in besonderer Weise durch Christi Sakrament geheiligt ist, bedeutet unlösliche Treue, die . . . unvereinbar ist mit jedem Ehebruch und jeder Ehescheidung." (a. a. O. Nr. 49). So entsteht durch den persönlichen Entschluß, in dem sich die Eheleute gegenseitig schenken und annehmen, „eine nach göttlicher Ordnung feste Institution, und zwar auch gegenüber der Gesellschaft" (a. a. O. Nr. 48). Denn die beiden Ehepartner gewähren sich „gegenseitige Hilfe und gegenseitigen Dienst und erfahren und vollziehen dadurch immer mehr und voller das eigentliche Wesen ihrer Einheit" (ebda). Auf diese Weise gelangen sie „mehr und mehr zu ihrer eigenen Vervollkommnung, zur gegenseitigen Heiligung und so gemeinsam zur Verherrlichung Gottes" (ebda).

Die Ehe ist eine Bindung der beiden Partner, die ihre ganze persönliche Existenz umgreift. Dabei sind Ehe und eheliche Liebe ihrem Wesen nach auf die Zeugung und Erziehung von Nachkommenschaft ausgerichtet. Über die Zahl der Kinder und den Abstand der Geburten bilden sich die Eheleute in gemeinsamer Überlegung ein sachgerechtes Urteil. Hierbei müssen sie auf ihr eigenes Wohl wie auf das ihrer Kinder – der schon geborenen oder zu erwartenden – achten, Lebensverhältnisse und Zeitumstände berücksichtigen und ihrer Verantwortung gegenüber Gesellschaft und Kirche gerecht werden. Ihr Urteil müssen die Eheleute letztlich selbst fällen (vgl. a. a. O. Nr. 50).
Indem die Ehepartner menschliches Leben weitergeben und erziehen, wirken sie mit der Liebe Gottes, des Schöpfers, mit, ja sie sind „gleichsam Interpreten dieser Liebe" (ebda) sowohl ihren eigenen Kindern wie der Welt gegenüber.
Damit ist eine weitere Aufgabe der Eheleute genannt: sie tragen nicht nur Verantwortung für die rechte Erziehung ihrer Kinder im Geiste Christi; dieselbe Verpflichtung zum Zeugnis des Evangeliums haben sie auch gegenüber anderen Menschen. Sie bilden in der Weise, wie sie ihre Ehe führen und in der Familie zusammenleben, „eine Art Hauskirche" (vgl. Zweites Vatikanisches Konzil, Dogmatische Konstitution über die Kirche, Nr. 11).
Diese Gedanken über die Ehe bestimmen auch das katholische Verständnis der k i r c h l i c h e n T r a u u n g. Danach vollzieht sich in der kirchlichen Trauung die Eheschließung. Die Brautleute erklären dabei vor dem Pfarrer als dem Vertreter der Kirche und zwei Zeugen ihren Ehewillen. Diese Eheschließung kann auch bei konfessionsverschiedenen Paaren in Verbindung mit einer Eucharistiefeier (Brautmesse) erfolgen, wenn die Brautleute dies ausdrücklich wünschen; in der Regel ist sie für konfessionsverschiedene Paare mit einem Wortgottesdienst verbunden. Die einzelnen Teile dieses Gottesdienstes – wie Schriftlesung, Ansprache, Gebet, Übergabe der Ringe, Segen über die Brautleute – wollen das Verständnis der Ehe als Sakrament, d. h. als Gabe Gottes und als Verpflichtung der Eheleute zum Ausdruck bringen.

Stößt die Forderung nach katholischer Trauung bei einem konfessionsverschiedenen Brautpaar auf erhebliche Schwierigkeiten, kann von dieser Eheschließungsform dispensiert werden. Ehebund und Ehesakrament kommen dann, je nach Entscheidung des Brautpaares, durch die Willenserklärung bei der evangelischen Trauung oder der standesamtlichen Eheschließung zustande.

3.3 Evangelische Eheauffassung

Aufgrund der biblischen Zeugnisse und der reformatorischen Bekenntnisse lehren die evangelischen Kirchen, daß Gott, der Schöpfer, die Ehe als eine Lebensordnung begründet hat, die der Mensch, der Gottes Schöpfung verwaltet, nicht auflösen kann, ohne sein Leben zu gefährden. Evangelischer Glaube sieht die Ehe als eine Gabe Gottes. Diese verpflichtet und ermächtigt die Eheleute, ihre Ehe in eigener Verantwortung als umfassende und ausschließliche Lebensgemeinschaft zu führen. Die evangelischen Kirchen bejahen deshalb die Einehe, die auf Lebenszeit geschlossen wird. Die göttliche Stiftung schließt die Freiheit persönlicher Gestaltung der Ehe ein. Dem entspricht das evangelische Eheverständnis, das darum eine begrifflich abgeschlossene Ehelehre nicht kennt.
Kinder sind den Eheleuten als Gabe und Aufgabe anvertraut. Zahl und Zeitabstand der Geburten verantworten die Eheleute vor Gott und voreinander. Grundsätzliches Nein zum Kinde verfehlt die volle Lebensgemeinschaft. Bleiben Kinder versagt, nimmt dies der Ehe dennoch nichts von ihrem Sinn.
Die Ehe ist Liebesgemeinschaft, in der jeder Ehegatte sich von seinem Partner her versteht, für ihn lebt und für ihn eintritt. Dies wird dem Glaubenden in der tiefsten Bedeutung daran deutlich, daß sich ihm die Ehe als Abbild des Verhältnisses Christi zu seiner Gemeinde erschließt: Er hat sich für sie dahingegeben (Eph. 5. 25). Diese Liebe schenkt den Eheleuten Freiheit und ermöglicht ihnen die Überwindung von Spannungen, Treue in Nöten, Vergebung von Schuld und immer tiefere gegenseitige Hingabe.

Eine solche Wirklichkeit der Ehe ist in den Strukturen von Recht und Ordnung nicht zu fassen; dies gilt sowohl für den Staat wie für die Kirche. Dennoch bedarf die Ehe, wie in allen Kulturen und Gemeinschaften, auch bei uns der rechtlichen Ordnung und des öffentlichen Schutzes. Die evangelischen Kirchen sind sich darin einig, daß die Ehe durch den öffentlich abgegebenen Konsens der Eheleute begründet wird. Sie erkennen daher die nach bürgerlichem Recht geschlossene Ehe grundsätzlich als gültig an. Die evangelischen Kirchen sind ferner der Auffassung, daß sie im Recht der Eheschließung und der Ehescheidung so lange von sich aus nichts zu ordnen haben, als der Staat die Voraussetzungen und den wesentlichen Gehalt der Ehe anerkennt und schützt, und so dem christlichen Eheverständnis Raum läßt. Dazu gehören freie Gattenwahl, Eheschließung auf Lebenszeit und Einehe.
Wo das staatliche Recht die Ehe nicht mehr schützt oder sie ideologisch zu verfremden sucht, muß die Kirche dafür eintreten, daß der Staat weder seine Zuständigkeit preisgibt noch seine Grenzen überschreitet. In solchen äußersten Notfällen könnte die Kirche gezwungen sein, für ihre Gläubigen rechtliche Regelungen zu treffen. Solange dies nicht der Fall ist, arbeiten die evangelischen Kirchen, wo ihnen die Möglichkeit dazu geboten wird, an den staatlichen Ordnungen mit, damit Christen und Nichtchristen diese als vernünftig, praktikabel und dem sittlichen Bewußtsein entsprechend anerkennen können.
Die evangelischen Kirchen erkennen an, daß nach unserer staatlichen Ordnung die Ehe vor dem Standesamt geschlossen wird. Dem folgt, vorbereitet durch ein Traugespräch, die kirchliche Trauung als öffentlicher Gottesdienst. Die Eheleute werden auf Schriftlesung und Predigt hin gefragt, ob sie sich gegenseitig als von Gott gegeben annehmen und ihre Ehe seinem Wort entsprechend führen wollen; sie antworten darauf mit einem Ja, erbitten zusammen mit der Gemeinde den Segen Gottes, der ihnen zugesprochen wird. Verkündigung des Wortes Gottes, die Anfrage an die Eheleute und deren Zustimmung, Fürbitte und Segen machen also die evangelische Trauung aus.

Eheleuten, die ihre Ehe als Gottesgabe annehmen und sie Christus als dem Herrn unterstellen, wird auch ihr ehelicher Alltag zum Ort, an dem sich ihr Glaube zu bewähren hat. (Vgl. „Erwägungen zum evangelischen Eheverständnis"; veröffentlicht vom Rat der EKD, Februar 1970.)

3.4 Gemeinsames

Diese Darstellung zeigt, daß die Kirchen in ihrer Auffassung von der Ehe einander näherstehen, als vielfach angenommen wird. Oft sind die vorhandenen Verschiedenheiten auf unterschiedliche Tradition zurückzuführen. Sie beruhen aber auch auf einem unterschiedlichen Verständnis von Kirche. Dennoch kann die Treue zum eigenen Bekenntnis Mut machen, den Partner in seiner Überzeugung anzuerkennen, Unterschiede zu akzeptieren und Übereinstimmungen für einen gemeinsamen Weg zu suchen.

4. Entscheidungen

Auch in der konfessionsverschiedenen Ehe sind beide Partner für die Vertiefung ihres Glaubens, für das religiöse Leben in der Familie und für die Glaubenserziehung der Kinder verantwortlich. Vor Eingehen einer konfessionsverschiedenen Ehe sind bestimmte Klärungen zu erstreben, deren Aufschub die Ehe später gefährden kann. Dazu gehören zum Beispiel die Festlegung, in welcher Kirche die Trauung erfolgen wird und in welcher Konfession die Kinder erzogen werden sollen. Auch sollte schon vor der Trauung das Gespräch darüber begonnen werden, welche Gemeinsamkeiten im religiösen Leben möglich und wo getrennte Wege unerläßlich erscheinen. Wenn die Partner über diese und andere Fragen noch nicht zur Klarheit gekommen sind, soll das Traugespräch ihnen dazu Hilfen bieten.
Die Voraussetzungen für das Traugespräch sind freilich auch bei konfessionsgleichen Partnern – je nach ihrer Verbundenheit mit der Kirche und ihrem jeweiligen Glau-

bensverständnis – sehr verschieden. Die Konfessionsverschiedenheit darf deshalb in einer Ehe nicht überbewertet werden.

Wenn die Bindung eines Partners an Glauben und Kirche geringer ist, können die Anfangsschwierigkeiten sogar kleiner sein, weil dann die Entscheidung über Trauung und Kindererziehung gewöhnlich dem anderen zufällt. Wenn jedoch beide fest von ihrem Glauben überzeugt sind, sollen sie sich im „brüderlichen Wettbewerb" (Zweites Vatikanisches Konzil „Dekret über den Ökumenismus" Nr. 11) gegenseitig zur Vertiefung ihres Glaubens helfen. Freilich können gerade dann die Konflikte und Gewissensbelastungen hinsichtlich Trauung und Erziehung der Kinder am größten sein.

Deshalb ist es Aufgabe des Pfarrers, beim Traugespräch auf den rechten Ausgleich zwischen der Achtung vor der Gewissensfreiheit der Brautleute und ihrer kirchlichen Bindung bedacht zu sein. Er kann ihnen so bei ihren Entscheidungen helfen. Diese sollten frei von unguter Beeinflussung durch Dritte getroffen werden. Opportunistische und bloß auf Äußerlichkeiten abzielende Überlegungen dürfen nicht den Ausschlag geben.

Wenn der Pfarrer das Traugespräch auf solche Weise führt, wird deutlich, daß es den Kirchen und ihren Amtsträgern um die Ehe der beiden Partner geht und nicht darum, daß sich die eine Kirche gegenüber der anderen durchsetzt.

In der Beratung folgen die Pfarrer den Weisungen und Ordnungen ihrer Kirche: auf katholischer Seite dem Motu proprio „Matrimonia mixta" und den Ausführungsbestimmungen der Deutschen Bischofskonferenz; auf evangelischer Seite den kirchlichen Lebensordnungen, den Trauordnungen und anderen Verlautbarungen der EKD und der einzelnen Landeskirchen. Die darin gebotenen Möglichkeiten versuchen, dem jeweiligen Einzelfall gerecht zu werden. Entstehen dennoch Schwierigkeiten, so wenden sich die Pfarrer an die zuständige Stelle ihrer Kirche.

5. Trauung

Die Trauung konfessionsverschiedener Paare soll in der Regel von einem Pfarrer vorgenommen werden. Auf besonderen Wunsch der Brautleute können sich auch beide Pfarrer an der Trauung beteiligen. Für diese gemeinsame Trauung haben der Rat der EKD und die Deutsche Bischofskonferenz eine „Ordnung der kirchlichen Trauung für konfessionsverschiedene Paare bei Beteiligung beider Pfarrer" herausgegeben. Beide Kirchen lehnen eine Doppeltrauung (erst katholisch, dann evangelisch oder umgekehrt) ab. Sie nähme das Handeln der anderen Kirche nicht ernst und widerspräche darum ökumenischem Denken.

6. Taufe und Erziehung der Kinder

Jede Kirche erwartet von ihren Gliedern, daß sie ihre Kinder im eigenen Glauben erziehen. Der Christ ist verpflichtet, seinen Glauben zu bekennen und das ihm Mögliche zu tun, um diesen Glauben auch bei seinen Nachkommen zu wecken. Der katholische Partner verspricht, sich nach Kräften darum zu bemühen, daß die Kinder in der katholischen Kirche getauft und erzogen werden. Über dieses Versprechen wird der nichtkatholische Partner unterrichtet. Keiner darf jedoch zum Handeln gegen sein Gewissen veranlaßt werden. Wo ein Partner – katholisch oder evangelisch – nur unter Verletzung seines Gewissens eine Ehe schließen könnte, wäre eine solche Ehe nicht zu verantworten.
Fragen, die mit der Taufe und der religiösen Erziehung der Kinder zusammenhängen, sollten möglichst vor der Eheschließung geklärt werden.
Ist eine gemeinsame Entscheidung herbeigeführt, darf diese später nicht einseitig geändert werden. Wenn aber die Eheleute gemeinsam zu einer neuen Entscheidung kommen, muß dies um des Gewissens willen respektiert werden. Weder Verwandte noch Pfarrer dürfen auf eine Änderung von Entscheidungen drängen, wenn dies den Frieden der Ehe und Familie stören würde.

Beide Kirchen stimmen darin überein, daß die in der anderen Kirche vollzogene Taufe gültig ist: Bestrebungen, die Taufe von Geistlichen beider Kirchen gemeinsam spenden zu lassen, widersprechen dem Wesen der Taufe und werden darum von den Kirchen abgelehnt. Die Taufe wird von dem Pfarrer der Kirche vollzogen, der das Kind nach dem Willen der Eltern angehören soll.
Da die Erziehung der Kinder immer Sache beider Eltern ist, muß auch der Ehegatte, dessen Kinder in der anderen Konfession aufwachsen, an ihrer religiösen Erziehung und an der religiösen Gestaltung des Ehe- und Familienlebens mitwirken – vor allem dadurch, daß er seinen eigenen Glauben beispielhaft lebt und die Aufgeschlossenheit der Kinder für die Eigenart der Kirche fördert, der sie selbst nicht angehören. Weder dem Wohl des Kindes noch dem ökumenischen Gedanken ist gedient, wenn die Kinder in keiner Kirche beheimatet sind.

7. Bindung an die Gemeinde

Beide Partner sollten auch nach der Eheschließung in ihrer eigenen Kirche verwurzelt bleiben und an deren Gemeindeleben teilnehmen. Jeder wird an der Art, wie sein Partner als Christ lebt, manches entdecken, was ihn bereichert. Ist einem der Glaube gleichgültig geworden, so wird die Verantwortung des anderen um so größer. Er wird sich dann allein um die christliche Atmosphäre des Hauses bemühen müssen.
Was schon in der konfessionsgleichen Ehe wichtig ist, gewinnt in der konfessionsverschiedenen Ehe besondere Bedeutung: man muß den Eheleuten helfen, daß sie die Scheu verlieren, den eigenen Glauben zu leben und zu gestalten. Gespräch und wachsendes Verständnis für die glaubensbedingte Eigenart des anderen helfen über manche anfängliche Fremdheit und Befangenheit hinweg. Rücksichtnahme auf den Partner darf nicht zu einer Haltung führen, die das eigene religiöse Leben auf ein Mindestmaß reduziert, um nicht lästig zu fallen. Eine solche Einstellung gründet meist

in mangelndem Vertrauen zum Partner und zu dessen Toleranz. Es kommt alles darauf an, daß die Glaubensunterschiede nicht zu „Tabus" werden, die man ängstlich umgeht. Was dem einen wichtig ist, sollte dem anderen nicht belanglos sein. Das gilt auch von besonderen Formen konfessionellen Brauchtums, denen oft größere Bedeutung zugemessen wird als den eigentlichen Glaubensunterschieden. Wenn beide Partner ihr eigenes kirchliches Erbe einbringen, werden sie ihr gemeinsames Leben vertiefen und bereichern. So kann die konfessionsverschiedene Ehe zu einer ökumenischen Chance werden.

Zum religiösen Leben in der Ehe tragen gemeinsame Schriftlesung, gemeinsames Gebet und das Gespräch über den Glauben wesentlich bei. Was die Gemeindegottesdienste angeht, so wird die Teilnahme der Ehepartner und der Kinder am Gottesdienst der eigenen Kirche die Regel sein. Aus Achtung vor der Überzeugung des Partners und als Ausdruck der Gemeinsamkeit der Ehegatten können sie aus besonderem Anlaß am Gottesdienst der anderen Kirche teilnehmen. Ein Katholik kann nach den allgemeinen Grundsätzen seiner Kirche von der Verpflichtung zum Besuch der Sonntagsmesse entbunden sein, wenn ihm die Teilnahme daran nicht oder nur unter schwerer Belastung möglich ist.

Aus der Teilnahme am Gottesdienst der anderen Kirche folgt aber nicht die gegenseitige Zulassung auch zu Abendmahl oder Kommunion.

Im Traugespräch sollte dafür Verständnis geweckt werden. Die Kirchen sind bemüht, einer gemeinsamen Lösung näherzukommen.

Die Unterschiede sollten nicht verwischt, sondern ernst genommen werden. Dadurch können die Partner voneinander lernen, den eigenen Glauben vertiefen und so der Einheit dienen.

Wort der Deutschen Bischofskonferenz und des Rates der Evangelischen Kirche in Deutschland zur Zusammenarbeit in der Seelsorge an konfessionsverschiedenen Ehen

Ehe und Familie stehen heute in unserer Gesellschaft unter großen Belastungen. Jeder, der die fortschreitende Tendenz zu ihrer Aushöhlung beobachtet, muß tief beunruhigt sein. Vieles von dem, was da im Namen der Freiheit gefordert wird, erweist sich im Grunde als Verachtung von Treue und Glauben und als Sieg des Egoismus.

Für eine erfüllte Ehe ist die gemeinsame Glaubensüberzeugung der Eheleute ein besonders tragfähiges Fundament. Die Kirchen dürfen darum nicht müde werden, alle, die sich auf die Ehe vorbereiten, auf dieses tiefste Fundament menschlicher Gemeinsamkeit hinzuweisen. Voneinander abweichende Glaubensüberzeugungen erschweren die volle Einheit und Lebensgemeinschaft der Ehegatten, ihre Teilnahme am Gottesdienst und am Leben ihrer Gemeinde sowie die Wahrnehmung ihrer gemeinsamen Verantwortung in der Kindererziehung. Darum tritt die evangelische wie die katholische Kirche für die bekenntnisgleiche Ehe ein.

Es kann nicht übersehen werden, daß die Zahl der konfessionsverschiedenen Ehen in den letzten Jahren bei uns stark zugenommen hat. Deshalb sind neue seelsorgerliche Überlegungen notwendig.

Die Überlegungen ergeben sich auch daraus, daß in jüngster Zeit bei evangelischen wie katholischen Christen ein stärkeres ökumenisches Bewußtsein aufgebrochen ist. Das Suchen nach der Einheit der Christen war selten so stark wie heute.

Gerade Partner in konfessionsverschiedenen Ehen tragen oft besonders schwer an der fortbestehenden Kirchentrennung und erwarten darum von beiden Kirchen seelsorgerliche Hilfe.

Die am 1. Oktober 1970 in der gesamten katholischen Kir-

che in Kraft getretenen neuen Bestimmungen für die konfessionsverschiedenen Ehen wollen solche Hilfen ermöglichen. Die Deutsche Bischofskonferenz hat inzwischen die notwendigen Ausführungsbestimmungen erlassen. Der Rat der Evangelischen Kirche in Deutschland hat diese Änderungen des Mischehenrechtes begrüßt und alle Gliedkirchen der Evangelischen Kirche in Deutschland gebeten, ihre Lebensordnungen, Gesetze und Richtlinien zu überprüfen und alle Regelungen aufzuheben, die einen evangelischen Christen, der sich katholisch trauen läßt und einer katholischen Kindererziehung zustimmt, benachteiligen.
Freilich kann durch solche rechtliche Neuordnung nur ein Teil der anstehenden Probleme gelöst werden. Deshalb sind neue Ansätze und Überlegungen zur Frage einer Zusammenarbeit in der Seelsorge an konfessionsverschiedenen Ehen notwendig.

1. Die gegenwärtige Situation

Die gegenwärtige Situation ist gekennzeichnet durch ein wachsendes Verlangen nach ökumenischer Zusammenarbeit in den Gemeinden und vor allem in den konfessionsverschiedenen Ehen. Die Möglichkeit ökumenischer Zusammenarbeit wird jedoch gefährdet, einerseits durch immer noch vorhandene Vorurteile gegenüber der anderen Kirche, andererseits durch einen schwärmerischen Ökumenismus, der die vorhandenen Unterschiede zwischen den Kirchen zu überspielen sucht und auf eine „Dritte Konfession" hin tendiert. Vor allem aber ist die ökumenische Zusammenarbeit durch einen Indifferentismus gefährdet, den nicht selten konfessionsverschiedene Paare dadurch praktizieren, daß sie sich gegenüber kirchlichem Leben gleichgültig verhalten.

2. Voraussetzungen einer Zusammenarbeit in der Seelsorge an konfessionsverschiedenen Ehen

Eine Zusammenarbeit evangelischer und katholischer Seelsorger an den konfessionsverschiedenen Ehen wird von beiden Kirchen begrüßt und gefördert. Sie soll sich nicht nur auf amtliche Kontakte der Seelsorger beschränken, z. B. bei der Eintragung der erfolgten Eheschließung bzw. Trauung in die Kirchenbücher oder auf die gelegentliche Mitwirkung bei der kirchlichen Trauung, sondern sie soll sich vor allem auch auf die Seelsorge nach der Trauung erstrecken.

Eine solche Zusammenarbeit setzt voraus, daß jeder Seelsorger das Gewissen beider Ehepartner respektiert und daß jeder den Geistlichen der anderen Kirche in seiner Bindung an die Lehre und die Praxis seiner Kirche achtet; denn wenn wir auch glauben, daß Christus nur e i n e Kirche gestiftet hat und daß die ganze Christenheit im Gehorsam gegenüber ihrem Herrn diese eine Kirche, deren Haupt Christus ist, verwirklichen soll, so können wir doch nicht darüber hinwegsehen, daß die Christen verschiedener Konfessionen im Glauben noch nicht eins sind. Dieser Tatsache muß heute jede Art von ökumenischer Zusammenarbeit Rechnung tragen.

3. Möglichkeiten zur Zusammenarbeit in der Seelsorge

a) Ein erster Schritt müßte das Gespräch zwischen den evangelischen und katholischen Seelsorgern eines Bezirkes sein. Dabei soll eine umfassende gegenseitige Information erfolgen über das Verständnis der Ehe, die eherechtlichen Bestimmungen und die Praxis des religiösen Lebens der anderen Kirche. In diesen Gesprächen sollte auch klargestellt werden, daß die gemeinsame Teilnahme am Abendmahl bzw. an der Eucharistie nicht der geeignete Weg ist, um die Kluft der Konfessionsverschiedenheit zu überbrücken.

b) Die Seelsorger beider Kirchen sollen eine Form der Zusammenarbeit in der Seelsorge an konfessionsverschiedenen Ehen entwickeln, die von beiden Seiten uneingeschränkt bejaht werden kann. Dabei darf weder der Verdacht aufkommen, man wolle sich gegenseitig Mitglieder abwerben, noch darf bei den konfessionsverschiedenen Paaren der Eindruck entstehen, als sei ein Partner von seiner Kirche aufgegeben und stillschweigend der anderen Kirche überlassen worden. Eine von der Deutschen Bischofskonferenz und vom Rat der Evangelischen Kirche in Deutschland gebildete Kommission wird dazu Vorschläge erarbeiten.

c) Vor der Trauung eines konfessionsverschiedenen Paares sollen die zuständigen Seelsorger beider Kirchen miteinander Fühlung aufnehmen, um die konkreten Schritte zu besprechen. Gegebenenfalls sollen sie sich über eine Zusammenlegung von Brautunterricht und Traugespräch sowie über eine etwaige Mitwirkung bei der kirchlichen Trauung verständigen.

d) Nach erfolgter Trauung sollen die Seelsorger mit den konfessionsverschiedenen Paaren bzw. Familien in Verbindung bleiben und dabei Ratschläge geben für die Glaubenspraxis im Ehe- und Familienleben (Gebet, Teilnahme am Gottesdienst u. a.). Beide Seelsorger sollen auch gelegentlich die konfessionsverschiedenen Paare am Ort zu Gesprächen einladen, in denen sie gemeinsam Glaubensfragen und Fragen des religiösen Lebens besprechen. Auch dazu wird die genannte Kommission Vorschläge erarbeiten.

Wir hoffen, daß solche gemeinsamen Bemühungen der evangelischen und katholischen Seelsorger den bekenntnisverschiedenen Paaren zum Segen gereichen.

München, den 18. Januar 1971

gez. D. Dietzfelbinger
Der Vorsitzende des Rates
der Evangelischen Kirche
in Deutschland

gez. Julius Kardinal Döpfner
Der Vorsitzende
der Deutschen
Bischofskonferenz

Die folgenden „Erwägungen zum evangelischen Eheverständnis" wurden von der Ehekommission der Evangelischen Kirche in Deutschland erarbeitet. Der Rat der EKD hat sie in seiner Sitzung vom 14./16. 1. 1970 angenommen und ihrer Weiterleitung an alle Kommissionen zugestimmt, die sich auf der Ebene der Landeskirchen, Kirchenkreise oder Gemeinden mit Fragen der Ehe und der konfessionsverschiedenen Ehe befassen. Die Erwägungen geben die „einhellige Meinung" der evangelischen Kirchen wieder und möchten so auch dem römisch-katholischen Wunsch nach verbindlichen Aussagen über das Eheverständnis entsprechen.

Erwägungen zum evangelischen Eheverständnis

Vorbemerkung

Das evangelische Verständnis der Ehe, in dem die unterschiedlichen theologischen Auffassungen übereinkommen, läßt sich zwar nicht zu einer umfassenden Ehelehre ausformen. Eine gewisse Vielstimmigkeit gehört zum Wesen des Protestantismus. Sie ist Voraussetzung für den Dialog unter Christen und die Offenheit gegenüber den im gesellschaftlichen Bereich aufkommenden neuen Aspekten im Ehebewußtsein sowie in den Problemen des Sexualverhaltens und der Familienplanung.
Dennoch besteht eine biblisch begründete Übereinstimmung, die ermöglicht, dem römisch-katholischen Wunsch nach verbindlichen Aussagen Genüge zu tun. Die Darstellung dieser einhelligen Meinung wird sich freilich auf Grundaussagen beschränken müssen und können.

I. Zur Sinnbestimmung der Ehe

1) Die evangelischen Kirchen verstehen die Ehe in Auslegung der biblischen Zeugnisse und in Treue zu den reformatorischen Bekenntnissen als die Verbindung der Ge-

schlechter, die dem Willen Gottes entspricht. In diesem Sinn bezeichnen sie die Ehe auch als unverfügbare Stiftung Gottes, der den Eheleuten die volle Verantwortung für Gestalt und Führung ihres gemeinsamen Lebens zumutet. Darum kennen sie kein allgemeines, überzeitlich gültiges Ehebild, an dem jede Ehe zu messen wäre. Das Wesen der Ehe läßt sich daher nicht abschließend und erschöpfend festlegen.

Die Ehe als Lebensvorgang ist sowohl Stand mit vorgegebener Ordnung wie konkrete Verwirklichung einer umfassenden und ausschließlichen Lebensgemeinschaft. Ihre wesensgemäße Gestalt ist die Einehe, die grundsätzlich auf Lebensdauer geschlossen wird. Sie bleibt als solche außerhalb der Verfügbarkeit durch den Einzelnen, die Gesellschaft oder den Staat, ohne deshalb in ihrer jeweiligen geschichtlichen Gestalt den Wandlungen der Zeit entzogen zu sein.

2) Kinder sind mit der Ehe gegebene Gabe und Aufgabe. Zahl und Zeitabstand der Geburten verantworten die Eheleute vor Gott. Grundsätzliches Nein zum Kind verfehlt die volle Lebensgemeinschaft. Bleiben Kinder versagt, so nimmt dies der Ehe dennoch nichts von ihrem Sinn.

3) Die Ehe ist Liebesgemeinschaft, in der jeder Ehegatte sich von seinem Partner her versteht, für ihn lebt und für ihn eintritt. Dies wird dem Glaubenden in der tiefsten Bedeutung daran deutlich, daß sich ihm die Ehe als Abbild des Verhältnisses Christi zu seiner Gemeinde erschließt: Er hat sich für sie hingegeben.

Diese göttliche Liebe ermöglicht den Eheleuten Überwindung von Spannungen, Treue in Nöten, Vergebung von Schuld und immer tiefere gegenseitige Hingabe; sie trägt die Ehen von Christen wie von Nichtchristen. Diese Wirklichkeit der Ehe ist freilich in den Strukturen von Recht und Ordnung nicht zu fassen.

II. Zur Rechtsform der Ehe

1) Die Ehe als rechtlich verfaßte Verbindung von Mann und Frau ist in allen Kulturen öffentlich anerkannt. Sie ist Staat und Kirche vorgegeben. Sie ist tief im Bewußtsein der Menschen verwurzelt und läßt sich nach Struktur und Bedeutung mit keiner anderen Lebensform vergleichen. Auflösungstendenzen gegenüber erweist sie sich bemerkenswert stabil. Dennoch treffen die gesellschaftlichen Veränderungen der Gegenwart auch Ehe und Familie und zwingen Ethik und Recht zu neuen Aussagen.

2) Die evangelischen Kirchen sind sich darin einig, daß die Ehe durch den öffentlich abgegebenen Konsens der Partner begründet wird. Sie erkennen daher die nach bürgerlichem Recht geschlossene Ehe grundsätzlich als gültig an.

3) Die evangelischen Kirchen sind der Auffassung, daß sie im Recht der Eheschließung und der Ehescheidung solange von sich aus nichts zu ordnen haben, als der Staat die Voraussetzungen und den wesentlichen Gehalt der Ehe anerkennt und schützt. Dazu gehören freie Gattenwahl, Eheschließung auf Lebenszeit und Einehe. Wo das staatliche Recht die Ehe nicht mehr schützt oder sie ideologisch zu verfremden sucht, muß die Kirche dafür eintreten, daß der Staat weder seine Zuständigkeit preisgibt noch seine Grenzen überschreitet. In solchen äußersten Notfällen könnte die Kirche gezwungen sein, für ihre Gläubigen rechtliche Regelungen zu treffen. Solange dies nicht der Fall ist, arbeiten die evangelischen Kirchen, wo ihnen die Möglichkeit dazu geboten wird, an den staatlichen Ordnungen mit, damit Christen und Nichtchristen diese als vernünftig, praktikabel und dem sittlichen Bewußtsein entsprechend anerkennen können. So sind wesentliche Elemente aus dem christlichen Eheverständnis in das staatliche Eherecht eingegangen.

4) Staat und Kirche müssen mit der Möglichkeit innerer und äußerer Zerstörung von Ehen rechnen. Ist eine Ehe gescheitert, so kann der Staat gezwungen sein, um der beteiligten Menschen willen – Eheleute und Kinder – die rechtlichen Folgerungen in einem ordentlichen Gerichts-

verfahren zu ziehen. Auch dies ist als ein Dienst an der Ehe zu verstehen. Das Prinzip der auf Lebensdauer geschlossenen Ehe wird damit nicht aufgehoben. Die Bejahung des Scheidungsrechtes basiert auf dem Wissen von der Macht der Sünde. Wer die Unauflöslichkeit der Ehe mit rechtlichen Mitteln in jedem Fall durchsetzen will, überschätzt die Möglichkeiten des Gesetzes.

III. Zur Trauung und Seelsorge

1) Evangelische Trauung setzt in Deutschland die bürgerliche Eheschließung voraus. Die Trauung ist, vorbereitet durch das Traugespräch, ein öffentlicher Gottesdienst in Predigt, Bekenntnis, Gebet, Fürbitte und Segen.
Wo Eheleute vom Angebot christlicher Verkündigung Gebrauch machen, dieser Glauben schenken, ihre Ehe als Gottes Gabe erkennen und sie Christus als dem Herrn unterstellen, wird ihre Ehe – nicht anders als zum Beispiel der Beruf des Christen – zum Ort der Glaubensbewährung und des Lebens vor Gott.
2) Die Trauung konfessionsverschiedener Partner unterscheidet sich in nichts von der Trauung konfessionsgleicher. Dem gemeinsamen Begehren nach evangelischer Trauung kann stattgegeben werden, wenn wenigstens einer der beiden evangelisch ist und nicht seelsorgerliche Gründe oder solche der Gemeindeordnung entgegenstehen.
3) Die evangelischen Kirchen betrachten die Trauung Geschiedener grundsätzlich als Ausnahme. Wo eine Kirche der Trauung Geschiedener zustimmt, hebt sie damit das Prinzip der auf Lebensdauer geschlossenen Ehe nicht auf. Da sich dem an seiner Ehe gescheiterten und schuldig gewordenen Menschen durch Buße und Vergebung der Weg zu einem neuen Anfang öffnet, kann sie die Trauung Geschiedener nicht grundsätzlich und in jedem Fall verweigern, wie immer sie auch die seelsorgerliche Behandlung im einzelnen Falle regelt.

Zweites Vatikanisches Konzil

Auszug aus der „Pastoralkonstitution über die Kirche in der Welt von heute“ Nr. 47-52

7. Dezember 1965

II. Hauptteil

Erstes Kapitel

Förderung der Würde der Ehe und der Familie

47. (Ehe und Familie in der heutigen Welt.) Das Wohl der Person sowie der menschlichen und christlichen Gesellschaft ist zuinnerst mit einem Wohlergehen der Ehe- und Familiengemeinschaft verbunden. Darum begrüßen die Christen zusammen mit allen, welche diese Gemeinschaft hochschätzen, aufrichtig all die verschiedenen Hilfen, mittels derer man heute in der Förderung dieser Gemeinschaft der Liebe und im Schutz des Lebens vorwärtskommt und Gatten und Eltern bei ihrer großen Aufgabe unterstützt werden. Die Christen hoffen von daher auf noch bessere Resultate und suchen dazu beizutragen.

Jedoch nicht überall erscheint die Würde dieser Institution in gleicher Klarheit. Polygamie, um sich greifende Ehescheidungen, sogenannte freie Liebe und andere Entartungen entstellen diese Würde. Darüber hinaus wird die eheliche Liebe öfters durch Egoismus, bloße Genußsucht und durch unerlaubte Praktiken gegen die Fruchtbarkeit der Ehe entweiht. Außerdem tragen die heutigen wirtschaftlichen, sozialpsychologischen und staatlichen Verhältnisse erhebliche Störungen in die Familie hinein. Schließlich werden in manchen Teilen der Welt die Probleme der Bevölkerungszunahme mit Besorgnis registriert. Durch all dies wird das Gewissen der Menschen beunruhigt. Andererseits zeigen sich Bedeutung und Stärke von Ehe und Familie als Institution gerade dadurch, daß sogar die tiefgreifenden Veränderungen der heutigen Gesellschaft trotz aller daraus entstehenden Schwierigkeiten sehr oft die wahre

Eigenart dieser Institution in der verschiedensten Weise deutlich werden lassen.
Darum will das Konzil durch besondere Hervorhebung bestimmter Hauptpunkte der kirchlichen Lehre die Christen und alle jene Menschen belehren und bestärken, die die ursprüngliche Würde der Ehe und ihren hohen und heiligen Wert zu schützen und zu fördern suchen.

48. (Die Heiligkeit von Ehe und Familie). Die innige Gemeinschaft des Lebens und der Liebe in der Ehe, vom Schöpfer begründet und mit eigenen Gesetzen geschützt, wird durch den Ehebund, d. h. durch ein unwiderrufliches personales Einverständnis, gestiftet. So entsteht durch den personal freien Akt, in dem sich die Eheleute gegenseitig schenken und annehmen, eine nach göttlicher Ordnung feste Institution, und zwar auch gegenüber der Gesellschaft. Dieses heilige Band unterliegt im Hinblick auf das Wohl der Gatten und der Nachkommenschaft sowie auf das Wohl der Gesellschaft nicht mehr menschlicher Willkür. Gott selbst ist Urheber der Ehe, die mit verschiedenen Gütern und Zielen ausgestattet ist; sie alle sind von größter Bedeutung für den Fortbestand der Menschheit, für den persönlichen Fortschritt der einzelnen Familienmitglieder und ihr ewiges Heil; für die Würde, die Festigkeit, den Frieden und das Wohlergehen der Familie selbst und der ganzen menschlichen Gesellschaft. Durch ihre natürliche Eigenart sind die Institution der Ehe und die eheliche Liebe auf die Zeugung und Erziehung von Nachkommenschaft hingeordnet und finden darin gleichsam ihre Krönung. Darum gewähren sich Mann und Frau, die im Ehebund nicht mehr zwei sind, sondern ein Fleisch (Mt 19, 6), in inniger Verbundenheit der Personen und ihres Tuns gegenseitige Hilfe und gegenseitigen Dienst und erfahren und vollziehen dadurch immer mehr und voller das eigentliche Wesen ihrer Einheit. Diese innige Vereinigung als gegenseitiges Sichschenken zweier Personen wie auch das Wohl der Kinder verlangen die unbedingte Treue der Gatten und fordern ihre unauflösliche Einheit.
Christus der Herr hat diese Liebe, die letztlich aus der

göttlichen Liebe hervorgeht und nach dem Vorbild seiner Einheit mit der Kirche gebildet ist, unter ihren vielen Hinsichten in reichem Maße gesegnet. Wie nämlich Gott einst durch den Bund der Liebe und Treue seinem Volk entgegenkam, so begegnet nun der Erlöser der Menschen und der Bräutigam der Kirche durch das Sakrament der Ehe den christlichen Gatten. Er bleibt fernerhin bei ihnen, damit die Gatten sich in gegenseitiger Hingabe und ständiger Treue lieben, so wie er selbst die Kirche geliebt und sich für sie hingegeben hat. Echte eheliche Liebe wird in die göttliche Liebe aufgenommen und durch die erlösende Kraft Christi und die Heilsvermittlung der Kirche gelenkt und bereichert, damit die Ehegatten wirksam zu Gott hingeführt werden und in ihrer hohen Aufgabe als Vater und Mutter unterstützt und gefestigt werden. So werden die christlichen Gatten in den Pflichten und der Würde ihres Standes durch ein eigenes Sakrament gestärkt und gleichsam geweiht. In der Kraft dieses Sakramentes erfüllen sie ihre Aufgabe in Ehe und Familie. Im Geist Christi, durch den ihr ganzes Leben mit Glaube, Hoffnung und Liebe durchdrungen wird, gelangen sie mehr und mehr zu ihrer eigenen Vervollkommnung, zur gegenseitigen Heiligung und so gemeinsam zur Verherrlichung Gottes.

Wenn somit die Eltern durch ihr Beispiel und ihr gemeinsames Gebet auf dem Weg vorausgehen, werden auch die Kinder und alle, die in der Familiengemeinschaft leben, leichter diesen Weg des echten Menschentums, des Heils und der Heiligkeit finden. Die Gatten aber müssen in ihrer Würde und Aufgabe als Vater und Mutter die Pflicht der Erziehung, vornehmlich der religiösen, die ihnen in ganz besonderer Weise zukommt, sorgfältig erfüllen.

Die Kinder als lebendige Glieder der Familie tragen auf ihre Weise zur Heiligung der Eltern bei. In Dankbarkeit, Ehrfurcht und Vertrauen müssen sie das erwidern, was die Eltern ihnen Gutes tun, und ihnen, wie es Kindern ziemt, im Unglück und in der Einsamkeit des Alters beistehen. Ein Leben, das nach dem Tod des einen Gatten als Fortführung der bisherigen ehelichen Berufung tapfer bejaht wird, soll von allen geachtet werden. Von einem reichen geistlichen Leben soll die Familie auch anderen Familien in hochherziger Weise mitgeben. Daher soll die christliche Familie – entsteht sie doch aus der Ehe, die das Bild und die Teilhabe an dem Liebesbund Christi und der Kirche ist – die lebendige Gegenwart des Erlösers in der Welt und die wahre Natur der Kirche allen kundmachen, sowohl durch die Liebe der Gatten, in hochherziger Fruchtbarkeit, in Einheit und Treue als auch in der bereitwilligen Zusammenarbeit aller ihrer Glieder.

49. (Die eheliche Liebe). Mehrfach fordert Gottes Wort Braut- und Eheleute auf, in keuscher Liebe ihre Brautzeit zu gestalten und in ungeteilter Liebe ihre Ehe durchzuhalten und zu entfalten. Auch in unserer Zeit hat die wahre Liebe zwischen Mann und Frau in der Ehe, wie sie sich in verschiedener Weise je nach Volk und Zeit geziemend äußert, als hoher Wert Geltung. Diese eigentümlich menschliche Liebe geht in frei bejahter Neigung von Person zu Person, umgreift das Wohl der ganzen Person, vermag so den leib-seelischen Ausdrucksmöglichkeiten eine eigene Würde zu verleihen und sie als Elemente und besondere Zeichen der ehelichen Freundschaft zu adeln. Diese Liebe hat der Herr durch eine besondere Gabe seiner Gnade und Liebe geheilt, vollendet und erhöht. Eine solche Liebe, die Menschliches und Göttliches in sich eint, führt die Gatten zur freien gegenseitigen Übereignung ihrer selbst, die sich in zarter Zuneigung und in der Tat bewährt, und durchdringt ihr ganzes Leben; ja gerade durch ihre Selbstlosigkeit in Leben und Tun verwirklicht sie sich und wächst. Sie ist viel mehr als bloß eine erotische Anziehung, die, egoistisch gewollt, nur zu schnell wieder erbärmlich vergeht.
Diese Liebe wird durch den eigentlichen Vollzug der Ehe in besonderer Weise ausgedrückt und verwirklicht. Jene Akte also, durch die die Eheleute innigst und lauter eins werden, sind von sittlicher Würde; sie bringen, wenn sie human vollzogen werden, jenes gegenseitige Übereignetsein zum Ausdruck und vertiefen es, durch das sich die Gatten gegenseitig in Freude und Dankbarkeit reich machen.

Diese Liebe, die auf gegenseitige Treue gegründet und in besonderer Weise durch Christi Sakrament geheiligt ist, bedeutet unlösliche Treue, die in Glück und Unglück Leib und Seele umfaßt und darum unvereinbar ist mit jedem Ehebruch und jeder Ehescheidung. Wenn wirklich durch die gegenseitige und bedingungslose Liebe die gleiche personale Würde sowohl der Frau wie des Mannes anerkannt wird, wird auch die vom Herrn bestätigte Einheit der Ehe deutlich. Um die Pflichten dieser christlichen Berufung beständig zu erfüllen, ist ungewöhnliche Tugend erforderlich. Von daher müssen die Gatten, durch die Gnade zu heiligem Leben gestärkt, Festigkeit in der Liebe, Seelengröße und Opfergeist pflegen und im Gebet erbitten.
Die echte eheliche Liebe wird höher geschätzt werden, und es wird sich eine sachgerechte öffentliche Meinung über sie bilden, wenn die christlichen Gatten durch das Zeugnis der Treue und Harmonie in dieser Liebe und durch Sorge für die Kindererziehung sich hervortun und ihre Pflicht erfüllen bei einer notwendigen kulturellen, psychologischen und sozialen Erneuerung zugunsten von Ehe und Familie. Jugendliche sollen über die Würde, die Aufgaben und den Vollzug der ehelichen Liebe am besten im Kreis der Familie selbst rechtzeitig in geeigneter Weise unterrichtet werden, damit sie, an keusche Zucht gewöhnt, im entsprechenden Alter nach einer sauberen Brautzeit in die Ehe eintreten können.

50. (Die Fruchtbarkeit der Ehe). Ehe und eheliche Liebe sind ihrem Wesen nach auf die Zeugung und Erziehung von Nachkommenschaft ausgerichtet. Kinder sind gewiß die vorzüglichste Gabe für die Ehe und tragen zum Wohl der Eltern selbst sehr viel bei. Derselbe Gott, der gesagt hat: „Es ist nicht gut, daß der Mensch allein sei" (Gn 2, 28), und der „den Menschen von Anfang an als Mann und Frau schuf" (Mt 19, 14), wollte ihm eine besondere Teilnahme an seinem schöpferischen Wirken verleihen, segnete darum Mann und Frau und sprach: „Wachset und mehret euch" (Gn 1, 28). Ohne Hintansetzung der übrigen Eheziele sind deshalb die echte Gestaltung der ehelichen Liebe und

die ganze sich daraus ergebende Natur des Familienlebens dahin ausgerichtet, daß die Gatten von sich aus entschlossen bereit sind zur Mitwirkung mit der Liebe des Schöpfers und Erlösers, der durch sie seine eigene Familie immer mehr vergrößert und bereichert.
In ihrer Aufgabe, menschliches Leben weiterzugeben und zu erziehen, die als die nur ihnen zukommende Sendung zu betrachten ist, wissen sich die Eheleute als mitwirkend mit der Liebe Gottes des Schöpfers und gleichsam als Interpreten dieser Liebe. Daher müssen sie in menschlicher und christlicher Verantwortlichkeit ihre Aufgabe erfüllen und in einer auf Gott hinhörenden Ehrfurcht durch gemeinsame Überlegung versuchen, sich ein sachgerechtes Urteil zu bilden. Hierbei müssen sie auf ihr eigenes Wohl wie auf das ihrer Kinder – der schon geborenen oder zu erwartenden – achten; sie müssen die materiellen und geistigen Verhältnisse der Zeit und ihres Lebens zu erkennen suchen und schließlich auch das Wohl der Gesamtfamilie, der weltlichen Gesellschaft und der Kirche berücksichtigen. Dieses Urteil müssen im Angesicht Gottes die Eheleute letztlich selbst fällen. In ihrem ganzen Verhalten seien sich die christlichen Gatten bewußt, daß sie nicht nach eigener Willkür vorgehen können; sie müssen sich vielmehr leiten lassen von einem Gewissen, das sich auszurichten hat am göttlichen Gesetz; sie müssen hören auf das Lehramt der Kirche, das dieses göttliche Gesetz im Licht des Evangeliums authentisch auslegt. Dieses göttliche Gesetz zeigt die ganze Bedeutung der ehelichen Liebe, schützt sie und drängt zu ihrer wahrhaft menschlichen Vollendung. So verherrlichen christliche Eheleute in Vertrauen auf die göttliche Vorsehung und Opfergesinnung den Schöpfer und streben zur Vollkommenheit in Christus, indem sie in hochherziger menschlicher und christlicher Verantwortlichkeit Kindern das Leben schenken. Unter den Eheleuten, die diese ihnen von Gott aufgetragene Aufgabe erfüllen, sind besonders jene zu erwähnen, die in gemeinsamer kluger Beratung eine größere Zahl von Kindern, wenn diese entsprechend erzogen werden können, hochherzig auf sich nehmen.

Die Ehe ist aber nicht nur zur Zeugung von Kindern eingesetzt, sondern die Eigenart des unauflöslichen personalen Bundes und das Wohl der Kinder fordern, daß auch die gegenseitige Liebe der Ehegatten ihren gebührenden Platz behalte, wachse und reife. Wenn deshalb das – oft so erwünschte – Kind fehlt, bleibt die Ehe dennoch als volle Lebensgemeinschaft bestehen und behält ihren Wert sowie ihre Unauflöslichkeit.

51. (Die eheliche Liebe und der Fortbestand des menschlichen Lebens). Das Konzil weiß, daß die Gatten in ihrem Bemühen, das Eheleben harmonisch zu gestalten, oft durch mancherlei Lebensbedingungen der heutigen Zeit eingeengt sind und sich in einer Lage befinden, in der die Zahl der Kinder – mindestens zeitweise – nicht vermehrt werden kann und der Vollzug treuer Liebe und die volle Lebensgemeinschaft nur schwer gewahrt werden können. Wo nämlich das intime eheliche Leben unterlassen wird, kann nicht selten die Treue als Ehegut in Gefahr geraten und das Kind als Ehegut in Mitleidenschaft gezogen werden; denn dann werden die Erziehung der Kinder und auch die tapfere Bereitschaft zu weiteren Kindern gefährdet.
Manche wagen es, für diese Schwierigkeiten unsittliche Lösungen anzubieten, ja sie scheuen selbst vor der Tötung nicht zurück. Die Kirche aber erinnert daran, daß es keinen wahren Widerspruch geben kann zwischen den göttlichen Gesetzen hinsichtlich der Übermittlung des Lebens und dem, was echter ehelicher Liebe dient.
Gott, der Herr des Lebens, hat nämlich den Menschen die hohe Aufgabe der Erhaltung des Lebens übertragen, die auf eine menschenwürdige Weise erfüllt werden muß. Das Leben ist daher von der Empfängnis an mit höchster Sorgfalt zu schützen. Abtreibung und Tötung des Kindes sind verabscheuungswürdige Verbrechen. Die geschlechtliche Anlage des Menschen und seine menschliche Zeugungsfähigkeit überragen in wunderbarer Weise all das, was es Entsprechendes auf niedrigeren Stufen des Lebens gibt. Deshalb sind auch die dem ehelichen Leben eigenen Akte, die entsprechend der wahren menschlichen Würde gestal-

tet sind, zu achten und zu ehren. Wo es sich um den Ausgleich zwischen ehelicher Liebe und verantwortlicher Weitergabe des Lebens handelt, hängt die sittliche Qualität der Handlungsweise nicht allein von der guten Absicht und Bewertung der Motive ab, sondern auch von objektiven Kriterien, die sich aus dem Wesen der menschlichen Person und ihrer Akte ergeben und die sowohl den vollen Sinn gegenseitiger Hingabe als auch den einer wirklich humanen Zeugung in wirklicher Liebe wahren. Das ist nicht möglich ohne aufrichtigen Willen zur Übung der Tugend ehelicher Keuschheit. Von diesen Prinzipien her ist es den Kindern der Kirche nicht erlaubt, in der Geburtenregelung Wege zu beschreiten, die das Lehramt in Auslegung des göttlichen Gesetzes verwirft.
Mögen alle daran denken: Das menschliche Leben und die Aufgabe, es weiterzuvermitteln, haben nicht nur eine Bedeutung für diese Zeit und können deshalb auch nicht von daher allein bemessen und verstanden werden, sondern haben immer eine Beziehung zu der ewigen Bestimmung des Menschen.

52. (Die Sorge aller um die Förderung von Ehe und Familie). Die Familie ist eine Art Schule reich entfalteter Humanität. Damit sie aber ihr Leben und ihre Sendung vollkommen verwirklichen kann, sind herzliche Seelengemeinschaft, gemeinsame Beratung der Gatten und sorgfältige Zusammenarbeit der Eltern bei der Erziehung der Kinder erforderlich. Zu ihrer Erziehung trägt die anteilnehmende Gegenwart des Vaters viel bei. Aber auch die häusliche Sorge der Mutter, deren besonders die jüngeren Kinder bedürfen, ist zu sichern, ohne daß eine berechtigte gesellschaftliche Hebung der Frau dadurch irgendwie beeinträchtigt wird. Die Kinder sollen so erzogen werden, daß sie, erwachsen in vollem Verständnis für ihre Verantwortung, ihrer Berufung, auch einer geistlichen, folgen und einen Lebensstand wählen können, in dem sie, wenn sie heiraten, eine eigene Familie gründen können, und dies unter günstigen sittlichen, gesellschaftlichen und wirtschaftlichen Voraussetzungen. Es ist Aufgabe der Eltern

oder Erzieher, die jungen Menschen bei der Gründung einer Familie mit klugem Rat, den sie gern hören sollen, anzuleiten. Doch sollen sie sich dabei hüten, sie mit direktem oder indirektem Zwang zum Eingehen einer Ehe oder zur Wahl des Partners zu bestimmen.

So ist die Familie, in der verschiedene Generationen zusammenleben und sich gegenseitig helfen, um zu größerer Weisheit zu gelangen und die Rechte der einzelnen Personen mit den anderen Notwendigkeiten des gesellschaftlichen Lebens zu vereinbaren, das Fundament der Gesellschaft. Deshalb müssen alle, die einen Einfluß auf Gemeinden und gesellschaftliche Gruppen haben, zur Förderung von Ehe und Familie wirksam beitragen. Die staatliche Gewalt möge es als ihre heilige Aufgabe betrachten, die wahre Eigenart von Ehe und Familie anzuerkennen, zu hüten und zu fördern, die öffentliche Sittlichkeit zu schützen und den häuslichen Wohlstand zu begünstigen. Das Recht der Eltern auf Zeugung der Nachkommenschaft und auf Erziehung in der Familie ist zu sichern. Durch umsichtige Gesetzgebung und andere Maßnahmen soll auch für diejenigen Sorge getragen und entsprechende Hilfe gegeben werden, die das Gut der Familie leider entbehren müssen.

Die christlichen Laien, die die Gegenwart auszukaufen und das Ewige von den wandelbaren Formen zu unterscheiden haben, mögen die Werte der Ehe und Familie durch das Zeugnis ihres eigenen Lebens wie durch Zusammenarbeit mit den anderen Menschen guten Willens eifrig fördern, und so werden sie trotz aller Schwierigkeiten für die Familie das erreichen, was sie braucht, und auch das, was die moderne Zeit an Vorteilen bietet. Um dieses Ziel zu erreichen, sind die christliche Gesinnung der Gläubigen, das richtige sittliche Gewissen der Menschen und eine weise Erfahrung theologischer Fachleute von großem Nutzen.

Die Fachleute in den Wissenschaften, besonders in Biologie, Medizin, Sozialwissenschaften und Psychologie, können dem Wohl von Ehe und Familie und dem Frieden des Gewissens sehr dienen, wenn sie durch ihre gemeinsame wissenschaftliche Arbeit die Voraussetzungen für eine

sittlich einwandfreie Geburtenregelung genauer zu klären suchen.
Die Seelsorger haben die Aufgabe, unter Voraussetzung einer genügenden Kenntnis des Familienproblems, mittels der verschiedenen pastoralen Hilfen, durch die Verkündigung des Wortes Gottes, durch die Feier der Liturgie und durch anderen geistlichen Beistand, die Berufung der Gatten in ihrem Ehe- und Familienleben zu fördern, sie menschlich und geduldig in Schwierigkeiten zu stützen und sie in der Liebe zu stärken, damit Familien von großer Ausstrahlungskraft entstehen.
Mancherlei Einrichtungen, besonders Familienvereinigungen, mögen den Jugendlichen und den Eheleuten selbst, besonders den Jungverheirateten, durch Rat und Tat beistehen und helfen, sie zu einem Familienleben hinzuführen, das seiner gesellschaftlichen und apostolischen Aufgabe gerecht wird.
Die Ehegatten selber aber sollen, nach dem Bild des lebendigen Gottes geschaffen, in eine wahre personale Ordnung gestellt, eines Strebens, gleichen Sinnes und in gegenseitiger Heiligung vereint sein, damit sie, Christus, dem Ursprung des Lebens, folgend, in den Freuden und Opfern ihrer Berufung durch ihre treue Liebe Zeugen jenes Liebesgeheimnisses werden, das der Herr durch seinen Tod und seine Auferstehung der Welt geoffenbart hat.